典藏中国·中国古代彩塑精粹

泽州玉皇庙彩塑

杨平　主编

浙江摄影出版社

全国百佳图书出版单位

泽州玉皇庙在山西省晋城市城区府城村北，其始建年代不详。北宋熙宁九年（1076），庙宇在原址上重建，名之"玉皇行宫"。金泰和七年（1207），庙宇进行过大修。金贞祐年间（1213—1217），部分建筑毁于战火。元至元元年（1264）复建，元至正十五年（1355）及明、清两代，屡有修葺。1998年初，因其保存完好的宋、金、元、明时期的建筑及其内同时代的彩塑和明清壁画等，玉皇庙被列为第三批全国重点文物保护单位。

　　玉皇庙结构为四进院落，从南向北，中轴线上依次有新山门、山门、仪门、成汤殿、献亭、玉皇殿等，中轴线两侧的东、西配殿有二十八星宿殿、十二星辰殿、十三曜星殿、关帝殿、蚕神殿、太尉殿等。

　　玉皇庙共有宋、金、元、明彩塑280余尊。玉皇殿及两侧殿宇的彩塑为宋塑（今人修补过），其余殿宇的塑像为金、元、明时期的彩塑。二十八星宿殿的元代彩塑因富于感染力的造型、传神灵动的表情，被公认为是艺术价值最高的彩塑之一，也最负盛名。

　　二十八星宿是道教信仰的重要神祇，由根据中国古天文学观察日、月、五星运行而划分的28个星区演变而来。道教典籍认为，人们出生的年月时辰与星系运行有一定的神秘关系，故而形成星神崇拜。

　　二十八星宿塑像在西配殿南、北、西墙下倒"凹"形的神台上一字排开。当年的塑匠依据道藏的描述，加之丰富的想象力和娴熟的造型技艺，塑造出气韵流畅、个性张扬，或让人倍感亲切或令人恐惧的神仙人物形象。如西方七宿之第三宿胃土雉，为一位白发苍苍的和蔼老者，其左手理头巾，右手轻抚卧在右腿上的动物，显示出超然世外的神态；又如南方七宿的第五宿张月鹿，为一潇洒、俊美、机敏的青年男子，穿着红袍绿裳，头戴系带小冠，帅气毕现，其右手举吉物，左手轻微伸出食指，嘴微张，似正在和人们对话；再如北方七宿之第四宿虚日鼠，温婉典雅，美丽大方，犹如圣母般亲切祥和，她面部丰润，眉梢微低，明目前视，樱唇微闭，右手丝绢上有一灵动的小金鼠，左手呈兰花指，似在安抚之；而南方七宿中的翼火蛇，虽为吉宿，看起来却是一位性格张扬、势不可挡的率性之神，其乌发后扬，头开天眼，袒露上身，胳膊粗壮有力，右手举着一条粗壮舞动的蛇，口大张，以雷霆之势征服邪恶，为人类带来祥瑞……仔细欣赏每一尊塑像，都可以看出当年的塑匠刚柔相济的奇思妙想和将浪漫主义与现实主义有机结合的高超技艺，有人说玉皇庙是迄今难以逾越的艺术巅峰，似不为过。

虚日鼠半身像

二十八星宿殿内景

轺水蚓像

眕水蚓像头部特写

5

翼火蛇像

6

星日马像

翼火蛇像头部特写

鬼金羊像

贴金菩萨头部特写

参水猿像

毕月乌像

虚日鼠像

胃土雉像

奎木狼像

室火猪像

17

牛金牛像

牛金牛像头部特写

箕水豹像

心月狐像

21

心月狐像头部特写

氐土貉像

角木蛟像

亢金龙像

亢金龙像头部特写

房日兔像

房日兔像头部特写

尾火虎像

斗木獬像

女土蝠像

女土蝠像头部特写

危月燕像

壁水貐像

危月燕像头部特写

柳土獐像

觜火猴像

井木犴像

井木犴像头部特写

41

昂日鸡像

娄金狗像

张月鹿像

责任编辑：张　磊　唐念慈
文字编辑：谢晓天
装帧设计：杭州大视角文化传播有限公司
责任校对：王君美
责任印制：陈震宇
摄　　影：欧阳君　薛华克　梅　佳　张卫兵
撰　　稿：杨　平　谢　薇

图书在版编目（CIP）数据

泽州玉皇庙彩塑 / 杨平主编. -- 杭州 ：浙江摄影
出版社，2024.1（2025.8重印）
　（典藏中国. 中国古代彩塑精粹）
　ISBN 978-7-5514-4623-5

　Ⅰ. ①泽… Ⅱ. ①杨… Ⅲ. ①寺庙－彩塑－泽州县－
画册 Ⅳ. ①K879.32

中国国家版本馆CIP数据核字(2023)第145894号

典藏中国·中国古代彩塑精粹
ZEZHOU YUHUANG MIAO CAISU
泽州玉皇庙彩塑
杨平　主编

全国百佳图书出版单位
浙江摄影出版社出版发行
　　　　地址：杭州市环城北路177号
　　　　邮编：310005
　　　　电话：0571-85151082
　　　　网址：www.photo.zjcb.com
制版：杭州大视角文化传播有限公司
印刷：杭州佳园彩色印刷有限公司
开本：787mm×1092mm 1/8
印张：6
2024年1月第1版　2025年8月第3次印刷
ISBN 978-7-5514-4623-5
定价：68.00元